Intervallfasten LOW CARB

Intervallfasten
LOW CARB

60 Rezepte zum Abnehmen und Genießen
für die 5:2- und 16:8-Methode

riva

Bibliografische Information der Deutschen Nationalbibliothek
Die Deutsche Nationalbibliothek verzeichnet diese Publikation in der Deutschen Nationalbibliografie. Detaillierte bibliografische Daten sind im Internet über http://d-nb.de abrufbar.

Für Fragen und Anregungen
info@rivaverlag.de

Wichtiger Hinweis
Dieses Buch ist für Lernzwecke gedacht. Es stellt keinen Ersatz für eine individuelle medizinische Beratung dar und sollte auch nicht als solcher benutzt werden. Wenn Sie medizinischen Rat einholen wollen, konsultieren Sie bitte einen qualifizierten Arzt. Der Verlag und der Autor haften für keine nachteiligen Auswirkungen, die in einem direkten oder indirekten Zusammenhang mit den Informationen stehen, die in diesem Buch enthalten sind.

Ausschließlich zum Zweck der besseren Lesbarkeit wurde auf eine genderspezifische Schreibweise sowie eine Mehrfachbezeichnung verzichtet. Alle personenbezogenen Bezeichnungen sind somit geschlechtsneutral zu verstehen.

Originalausgabe
1. Auflage 2021

Türkenstraße 89
80799 München
Tel.: 089 651285-0
Fax: 089 652096

Redaktion: Ulrike Strerath-Bolz
Umschlaggestaltung: Sonja Vallant
Umschlagabbildung: Timolina/shutterstock.com
Layout und Satz: inpunkt[w]o, Haiger (www.inpunktwo.de)
Druck: Florjancic Tisk d.o.o., Slowenien
Printed in the EU

ISBN Print 978-3-7423-1639-4
ISBN E-Book (PDF) 978-3-7453-1334-5
ISBN E-Book (EPUB, Mobi) 978-3-7453-1335-2

Weitere Informationen zum Verlag finden Sie unter

www.rivaverlag.de

Beachten Sie auch unsere weiteren Verlage unter www.m-vg.de

Inhalt

Rezepte für fastenfreie Tage

Intervallfasten mit Low Carb

Nach und nach hat sich unser Alltag zu einem Balanceakt zwischen Beruf und Freizeitaktivitäten entwickelt, bei dem kaum noch Zeit zum Verschnaufen bleibt. Geschweige denn zu einer bewussten, gesunden und nachhaltigen Lebensweise. Zwischen all den Terminen reicht es mittags oft nicht für mehr als ein belegtes Brötchen vom Bäcker, und abends klingt der Lieferdienst meist verlockender, als selbst stundenlang in der Küche zu stehen.

Erschöpfung und vor allem Übergewicht können die (im wahrsten Sinne des Wortes) belastenden Konsequenzen dieses hektischen Lebens sein. Aber wie soll man nun, angesichts des überquellenden Terminkalenders, auch noch die Disziplin besitzen, eine Diät zu meistern?

Intervallfasten in Kombination mit Low Carb lautet hier die Antwort. Simpel, gesund und dennoch lecker, lässt sich diese Ernährungsweise in jeden Alltag integrieren und sorgt nicht nur für eine langfristige Gewichtsabnahme, sondern auch für eine Verbesserung der Gesundheit.

Aber was genau verbirgt sich hinter dem Intervallfasten? Warum wird zusätzlich Low Carb empfohlen? Welche positiven Auswirkungen hat die Ernährungsumstellung auf den Körper?

Im Folgenden werden wir detailliert auf diese Fragen eingehen.

INTERVALLFASTEN – WAS IST DAS?

Intervallfasten wird auch intermittierendes Fasten genannt und bedeutet, dass Essenspausen eingelegt werden, in denen man keine oder nur wenig Nahrung zu sich nimmt. Diese Unterbrechungen werden, je nach Methode, stunden- oder tageweise eingelegt. Wie viel Kohlenhydrate, Fette oder Kalorien man dabei zu sich nimmt, spielt erst einmal keine Rolle. Trotzdem sollte man sich während der Phasen, in denen man nicht fastet, natürlich nicht nur von Burgern und Kuchen ernähren. Eine ebenso abwechslungsreiche wie ausgewogene Ernährung sorgt dafür, dass du optimale Ergebnisse für deinen Körper erzielst – äußerlich und innerlich.

Intervallfasten mag zunächst radikal klingen. Im ersten Moment möchte man vielleicht argumentieren, dass dem Körper Essen und somit Nährstoffe vorenthalten werden. Das ist aber keineswegs schädlich. Ganz im Gegenteil: Intervallfasten beruht auf der ursprünglichsten Form der Ernährung. Früher waren Fastenzeiten ein selbstverständlicher Teil des Alltags, schließlich waren unsere Vorfahren auf eine gute Ernte oder eine erfolgreiche Jagd angewiesen, andernfalls waren sie gezwungen zu fasten.

Eigentlich ist unser Körper also an diese Phasen des »Leerlaufs« gewöhnt und weiß ganz genau, wie er damit umgehen muss. Der Stoffwechsel schaltet um und holt sich die benötigte Energie aus den Fettspeichern, bis die nächste Mahlzeit kommt. Diese Anstrengung muss der Körper heute normalerweise gar nicht mehr unternehmen, schließlich füttern wir ihn ja beinahe pausenlos. Da ständig Kohlenhydrate verfügbar sind, wählt unser Stoffwechsel den Weg des geringsten Widerstands, also Kohlenhydrate als Energielieferanten. Die Fettspeicher bleiben bei unserer modernen Art der Ernährung meist unangetastet. Das Intervallfasten gewöhnt den Stoffwechsel wieder daran, nicht nur Glukose, sondern auch Fett zu verbrennen und zwischen beiden Alternativen zu wechseln.

Mittlerweile haben sich einige Varianten des Intervallfastens entwickelt, deren erkennbarster Unterschied in der jeweiligen Dauer der Essenspausen liegt. Im Folgenden sollen die beiden beliebtesten – nämlich die 5:2- sowie die 16:8-Methode – näher erläutert werden. Diese beiden Modelle lassen sich flexibel in den Alltag integrieren und sind auch für Fasten-Anfänger geeignet. Außerdem riskiert man hier keinen Jo-Jo-Effekt, da die Fastenzeiten nur von kurzer Dauer sind. Mit dem Intervallfasten kannst du entspannt und vor allem langfristig Gewicht verlieren, vermeidest Heißhungerattacken und verbesserst dabei deine Gesundheit sowie dein Körpergefühl im Ganzen.

Die 5:2-Methode

Bei dieser Methode isst man an fünf Tagen pro Woche ganz normal, während die Kalorienzufuhr an den restlichen zwei Tagen auf ein Viertel des normalen Bedarfs reduziert wird. Liegt dein Tagesbedarf normalerweise bei 2000 Kalorien, so nimmst du an den Fastentagen höchstens 500 Kalorien zu dir.

Die 5:2-Methode ist toll, weil sie nicht vorgibt, an welchen Tagen du zu fasten hast. Sie lässt dir freie Hand, und du musst den Restaurantbesuch oder das Essen bei Freunden am Wochenende nicht absagen. Die Fastentage müssen auch nicht aufeinander folgen. Wählst du zum Beispiel den Dienstag und den Donnerstag, kannst du dich auf der Arbeit ablenken und freitags trotzdem am Abteilungsfrühstück teilnehmen. Regelmäßigkeit ist aber trotzdem zu empfehlen: Such dir zwei für dich passende Tage aus und bleib dabei, von einzelnen Ausnahmen abgesehen. Wenn du ständig wechselst, wird es nur schwieriger, eine Routine aufzubauen.

Zusammenfassend kann man sagen, dass sich die 5:2-Methode perfekt in dein Leben fügt und dich somit nicht das Gefühl beschleichen wird, andauernd verzichten zu müssen.

Die 16:8-Methode

Im Gegensatz zur 5:2-Methode, fastet man hier stundenweise. Das heißt: Der Tag wird in eine 16-stündige Fastenphase und eine 8-stündige Essensphase gegliedert. Wichtig ist, dass diese Phasen an einem Stück durchgezogen werden. Dennoch bist du auch hier flexibel, denn wann du die 16 Stunden Pause einlegst, bleibt dir überlassen.

Eigentlich dreht sich hier alles darum, die ohnehin vorhandene natürliche Essenspause, nämlich die Zeit, in der wir schlafen, auszunutzen und zu verlängern.

Das kann man in Form des »breakfast cancelling« machen, indem man nach dem Abendessen mit dem Fasten beginnt, das Frühstück ausfallen lässt und erst zu Mittag wieder etwas isst. Ein konkretes Beispiel: Wenn du um 19 Uhr zu Abend isst, kannst du die erste Mahlzeit am nächsten Tag ab 11 Uhr zu dir nehmen. Für diejenigen, denen ihr Frühstück heilig ist, gibt es Variante 2, das »dinner cancelling«, bei der man seine letzte Mahlzeit beispielsweise um 16 Uhr einnimmt, dafür aber am Folgetag um 8 Uhr morgens beherzt beim Frühstück zugreifen darf.

Wie wirkt sich Intervallfasten auf deinen Körper aus?

Intervallfasten hilft dabei, Gewicht zu verlieren. Vielleicht hältst du genau deshalb gerade dieses Buch in deinen Händen. Aber es bringt auch viele andere Vorteile mit, die sich positiv auf deinen Körper und deine Gesundheit auswirken.

Dass der Stoffwechsel angeregt und flexibler wird, sodass auch die Fettspeicher angezapft werden, weißt du bereits. Wir schaden unserem Körper also nicht mit einem kurzen Nahrungsentzug – wir tun ihm sogar etwas Gutes! Denn in der Zeit, in der er sich nicht mit dem Verarbeiten von Essen beschäftigen muss, kann er sich erholen, erneuern und dort, wo es nötig ist, wiederherstellen. Das unter Dauerbelastung stehende Stoffwechselsystem hat Zeit, zur Ruhe zu kommen, und kann sich so ausgleichen. Erste Studien besagen, dass körpereigene Zellen infolge von Intervallfasten stressresistenter und weniger angreifbar für DNA-Schäden sein sollen. Deshalb ist diese Ernährungsweise auch für die Krebsforschung interessant geworden. Außerdem können sich die Leberwerte verbessern, während das Diabetesrisiko zurückgehen kann. Überhaupt ist es möglich, mithilfe des Intervallfastens die Insulinresistenz sowie den Blutzuckerspiegel zu senken, und auch die Herz-Kreislauf-Gesundheit kann positiv beeinflusst werden, indem Risikofaktoren und Entzündungsparameter abnehmen. Auch chronische Erkrankungen wie beispielsweise ein erhöhter Cholesterinspiegel können sich durch Intervallfasten verbessern. Des Weiteren verbessern sich der Schlaf und der allgemeine Gemütszustand infolge des Intervallfastens.

Obwohl die Forschung hier noch in den Kinderschuhen steckt, sollen diese gesundheitlichen Aspekte als weiterer Ansporn dienen, dem Intervallfasten eine Chance zu geben. Denn hier tust du nicht nur etwas, um dein äußeres Erscheinungsbild zu optimieren, sondern du kümmerst dich langfristig um deine Gesundheit und sorgst so dafür, dass es dir rundum gut geht. Dabei ist es besonders wichtig, dass du langfristig am Ball bleibst und das Intervallfasten nicht als Diät mit schnell sichtbaren Erfolgen begreifst. Hier geht es um eine kontinuierliche Ernährungsumstellung, die dir einen gesunden Körper und möglicherweise sogar ein längeres Leben beschert.

LOW CARB, DAS STOFFWECHSELWUNDER

Low Carb ist die Abkürzung für »low carbohydrates«, was übersetzt »wenig Kohlenhydrate« bedeutet. Genauer gesagt liegt das Maximum bei 100 bis 150 Gramm pro Tag, die restliche Ernährung besteht aus Fetten und Eiweißen. Diese reduzierte Menge an Kohlenhydraten sollte vor allem aus sogenannten »komplexen« Kohlenhydraten wie zum Beispiel Hülsenfrüchten oder Gemüse bestehen. Sie haben nicht nur den Vorteil, dass sie länger sättigen, sondern auch, dass der Zucker langsamer ins Blut gelangt, weshalb der Blutzuckerspiegel weniger schnell ansteigt und die Insulinausschüttung gedrosselt wird. »Einfache« Kohlenhydrate, wie man sie zum Beispiel in Weißbrot oder Backwaren findet, bewirken genau das Gegenteil, weshalb du möglichst auf sie verzichten solltest.

Aber wieso ist es wichtig, vor allem das Insulin im Auge zu behalten? Schüttet der Körper zu viel davon aus, drückt das den Blutzuckerspiegel, was wiederum zu Heißhungerattacken führen kann. Außerdem wird das körpereigene Hormon als »adipogen« bezeichnet, da es den Fettabbau einschränkt, während es die Fetteinlagerung begünstigt.

Auch bei der kohlenhydratarmen Ernährung haben sich in der Zwischenzeit die unterschiedlichsten Methoden entwickelt. Diese lassen sich grob in zwei verschiedene Lager unterteilen. Einerseits arbeitet man mit einer Begrenzung der Kohlenhydrate, andererseits mit dem glykämischen Index. Zur kurzen Erklärung: Lebensmittel, die einen hohen glykämischen Index haben, fördern Heißhungerattacken.

Viele Varianten kombinieren beide Ansätze. Sogenannte No-Carb-Ernährungsweisen, die täglich höchstens 30 Gramm Kohlenhydrate erlauben, sind für eine dauerhafte Ernährungsumstellung nicht geeignet. Ratsam ist ein Speiseplan, in dem der Anteil der Kohlenhydrate nicht mehr als 40 Prozent ausmacht. Dabei wirst du immer noch gut gesättigt sein und kannst die Umstellung schneller zur Routine machen.

Der Low-Carb-Effekt

Low Carb unterstützt viele Effekte, die du bereits vom Intervallfasten kennst. Auch mit dieser Methode wirst du an Gewicht verlieren. Außerdem wird diese Ernährungsweise Diabetikern empfohlen, da sie den Blutzucker stabilisiert und das Risiko, Folgeerkrankungen zu erleiden, minimiert.

Auch Low Carb trägt zu einem ausgeglichenen Stoffwechsel bei. Infolgedessen konnten zum Beispiel Migränepatienten deutliche Verbesserungen feststellen.

Eine kohlenhydratarme Ernährung mindert zudem Entzündungen im Körper und wirkt sich positiv auf den Darm aus. Das Reduzieren der Kohlenhydrate kann auch Verdauungsprobleme wie zum Beispiel den verhassten Blähbauch lindern.

Durch den niedrigen Insulinspiegel und eine gesunde Ernährung, die viele gute Fette (Olivenöl, Nüsse, Fisch etc.) enthält, wird das Hautbild gesünder und ebenmäßiger und du wirst dich insgesamt energiegeladener und leistungsfähiger fühlen.

Die Kombination

Intervallfasten und Low Carb bilden eine unschlagbare Einheit, weil sich beide Ernährungsweisen unterstützen und gegenseitig ihre positiven Wirkungen verstärken. Infolge einer kohlenhydratarmen Ernährung holt sich der Körper schneller Energie aus den Fettdepots, und aufgrund des Intervallfastens tut er das über einen längeren Zeitraum. Der Körper kann besser zwischen Fett- und Kohlenhydratstoffwechsel variieren und verliert so an Gewicht, während sich Wohlbefinden und Gesundheit verbessern. Bei keiner anderen Ernährungsweise sinkt der Körperfettanteil schneller, weshalb es sich lohnt, Intervallfasten mit Low Carb zu unterstützen. Außerdem: Wenn du gerade dabei bist, dich an eine neue Routine zu gewöhnen, warum nicht direkt an zwei?

Los geht's! So gelingt dein Neustart

Nachdem du die Theorie nun hinter dich gebracht hast, hier noch ein paar Informationen, damit die praktische Umsetzung reibungslos funktioniert.

Die richtigen Rezepte auswählen: In erster Linie orientiert sich dieses Buch an der 5:2-Methode, weil es nicht nur Low Carb-Rezepte für die »normalen« Tage, sondern auch spezielle Rezepte für die Fastentage enthält. Es eignet sich aber auch ideal für jede andere Art des Intervallfastens. Wenn du die 16:8-Methode gewählt hast, kannst du die Rezepte für die Fastentage ignorieren oder trotzdem nutzen, einfach weil sie dir gut schmecken.

Genug trinken: Egal, für welche Variante des Intervallfastens du dich entscheidest, es ist immer wichtig, dass du genügend Flüssigkeit zu dir nimmst. Vor allem während der Fastenperioden solltest du viel Wasser oder ungesüßte Tees trinken.

Und so funktioniert's: Du suchst dir täglich je ein Rezept für's Frühstück, Mittag- und Abendessen aus. Dabei kannst du dich ganz nach deinem persönlichen Geschmack richten. Nicht jedes Rezept muss ausprobiert werden. Wenn du zum Frühstück beispielsweise gerne Omelett isst, dann kannst du das jeden Morgen tun. An den beiden Fastentagen verhält es sich genauso. Hier wählst du deine drei Mahlzeiten einfach aus den Fastenrezepten aus.

Und wenn der Magen knurrt? Besonders anfangs kann das vermeintliche Loch im Bauch schon mal aufs Gemüt schlagen. Die gute Nachricht ist aber, dass auch an den Fastentagen drei Mahlzeiten erlaubt sind. Außerdem gewöhnt sich der Körper recht schnell an die neue Routine. Du wirst spüren, dass er die Fastenzeit nutzt, um sich zu erholen, was sich wiederum positiv auf dich auswirkt.

Sollte der Hunger mal die Oberhand gewinnen, können eine Brühe oder warmer Tee Abhilfe schaffen. Versuch, dich mit Bewegung abzulenken, indem du zum Beispiel einen Spaziergang machst.

Wichtig ist natürlich auch deine mentale Haltung zur Ernährungsumstellung. Führ dir immer wieder vor Augen, dass du deinem Körper mit den Ruhephasen ein Geschenk machst und dir etwas Gutes tust. Außerdem: Die nächste Mahlzeit lässt nicht lange auf sich warten. Und die wird köstlich sein! Überzeug dich auf den nächsten Seiten selbst davon und lass dich von den leckersten Low Carb-Rezepten inspirieren.

Rezepte für die Fastentage

Frühstück

Fluffiges Omelett mit Paprika

Für 2 Portionen
Nährwerte (pro Portion): Kilokalorien: 200 Kcal, Protein: 11,1 g, Fett: 14,4 g, Kohlenhydrate: 7,3 g

ZUTATEN

- 4 Eier
- 4 EL Milch (1,5 %)
- ¼ TL Salz
- ¼ TL Pfeffer
- 1 rote Paprikaschote
- 2 TL Butter
- evtl. Petersilie zum Servieren

1. Eier in einer Schüssel mit Milch verquirlen. Mit Salz und Pfeffer würzen. Paprika waschen und klein schneiden.
2. Butter in einer Pfanne erhitzen und die gequirlten Eier hineingeben.
3. Omelette bei niedriger Hitze 3–4 Minuten abgedeckt stocken lassen.
4. Omelette mit Paprika belegen und zuklappen. Optional mit frischer Petersilie bestreuen.

Grüner Frühstücks-Smoothie

Für 2 Portionen
Nährwerte (pro Portion): Kilokalorien: 70 Kcal, Protein: 0,5 g, Fett: 0,4 g, Kohlenhydrate: 15,9 g

ZUTATEN

400 ml Wasser
Saft von ½ Zitrone
2 Äpfel (grün)
100 g Blattspinat (frisch)

1. Wasser mit Zitronensaft in einen Mixer geben.
2. Äpfel waschen, entkernen und in Stücke schneiden. Spinat waschen und trocken schleudern. Beides in den Mixer geben und mixen.

Frischkäse mit Beeren

Für 2 Portionen
Nährwerte (pro Portion): Kilokalorien: 264 Kcal, Protein: 26,6 g, Fett: 11,8 g, Kohlenhydrate: 10,8 g

ZUTATEN

- 400 g körniger Frischkäse
- 50 g Himbeeren
- 50 g Blaubeeren
- 2 TL Mandeln, gehackt

Körnigen Frischkäse auf 2 Schüsseln verteilen. Himbeeren und Blaubeeren über den Frischkäse verteilen und mit den gehackten Mandeln bestreuen.

Chia-Pudding mit Beeren

Für 2 Portionen
Nährwerte (pro Portion): Kilokalorien: 174 Kcal, Protein: 9,1 g, Fett: 8,3 g, Kohlenhydrate: 10,2 g

ZUTATEN

250 ml Milch (1,5 %)
4 EL Chiasamen
evtl. 1 TL Süßstoff
50 g Himbeeren
50 g Blaubeeren

1. Milch, Chiasamen und Süßstoff (kann auch weggelassen werden) in eine Schüssel geben und vermischen. Für 2–3 Stunden in den Kühlschrank stellen und quellen lassen.
2. Den Chia-Pudding auf 2 Schüsseln verteilen und mit frischen Beeren belegen.

Power-Kaffee-Smoothie

Für 2 Portionen
Nährwerte (pro Portion): Kilokalorien: 119 Kcal,
Protein: 9,2 g, Fett: 3,9 g, Kohlenhydrate: 11,8 g

ZUTATEN

2 Espresso (kalt)
400 ml Milch (1,5 %)
100 g Joghurt (1,5 %)
4 Eiswürfel

Alle Zutaten in einen Mixer geben und mixen, bis die gewünschte Konsistenz erreicht ist.

Rezepte für die Fastentage

Mittagessen

Rucola-Tomaten-Salat

Für 2 Portionen
Nährwerte (pro Portion): Kilokalorien: 116 Kcal, Protein: 3,1 g, Fett: 4,4 g, Kohlenhydrate: 13,9 g

ZUTATEN

100 g Rucola
200 g Tomaten
200 g Zwergorangen
2 EL Balsamico-Essig
2 TL Olivenöl
¼ TL Salz
¼ TL Pfeffer

1. Rucola waschen und trocken schleudern. Tomaten und Zwergorangen (optional auch normale Orangen, diese dann in kleine Stücke schneiden) halbieren und mit dem Rucola vermischen.
2. Mit Balsamico und Olivenöl beträufeln, mit Salz und Pfeffer würzen.

Kalte Gurkensuppe

Für 2 Portionen
Nährwerte (pro Portion): Kilokalorien: 95 Kcal, Protein: 5,8 g, Fett: 2,3 g, Kohlenhydrate: 11,8 g

ZUTATEN

- 1 Salatgurke
- ½ Zwiebel
- 200 g Joghurt (1,5 %)
- 200 ml Gemüsebrühe (kalt)
- ¼ TL Salz
- ¼ TL Pfeffer

1. Gurke waschen und in grobe Stücke schneiden.
2. Zwiebel schälen, in Stücke schneiden und mit den restlichen Zutaten mit einem Mixer fein pürieren. Mit Salz und Pfeffer abschmecken.

Salatwraps

Für 2 Portionen
Nährwerte (pro Portion): Kilokalorien: 54 Kcal,
Protein: 1,8 g, Fett: 0,9 g, Kohlenhydrate: 6,6 g

ZUTATEN

8 Salatblätter
½ rote Paprikaschote
½ gelbe Paprikaschote
½ Karotte
½ Zucchini (60 g)
½ Limette

1. Salatblätter nebeneinander auf ein Küchenbrett legen.
2. Paprikaschoten waschen, entkernen und in dünne Streifen schneiden. Karotte schälen und in dünne Streifen schneiden. Zucchini waschen, putzen, Enden abschneiden und in dünne Streifen schneiden.
3. Die Gemüsestreifen auf die Salatblätter verteilen, mit Limettensaft beträufeln und vorsichtig zusammenrollen.

Zoodles mit Tomaten und Walnüssen

Für 2 Portionen
Nährwerte (pro Portion): Kilokalorien: 194 Kcal, Protein: 5,4 g, Fett: 15,2 g, Kohlenhydrate: 6,7 g

ZUTATEN

- 2 Zucchini (je 120 g)
- 100 g rote Cocktailtomaten
- 100 g gelbe Cocktailtomaten
- 2 EL Walnüsse
- 1 EL Olivenöl
- ¼ TL Salz

1. Zucchini waschen, Enden abschneiden und mit einem Spiralschneider in »Spaghetti« schneiden.
2. Tomaten waschen und halbieren. Walnüsse in grobe Stücke hacken.
3. Olivenöl in einer Pfanne erhitzen und die Zucchini-Spaghetti 1–2 Minuten anbraten. Mit Salz würzen.
4. Tomaten und Walnüsse unter die Zoodles heben.

Gemüsesuppe

Für 2 Portionen
Nährwerte (pro Portion): Kilokalorien: 64 Kcal, Protein: 2,2 g, Fett: 0,3 g, Kohlenhydrate: 7,9 g

ZUTATEN

- 2 Karotten
- 100 g Knollensellerie
- 1 Frühlingszwiebel
- 500 ml Gemüsebrühe
- ¼ TL Salz
- ¼ TL Pfeffer
- 1 EL Dill (frisch)

1. Karotten und Knollensellerie schälen und klein schneiden. Frühlingszwiebel in dünne Ringe schneiden.
2. Die Gemüsebrühe zum Kochen bringen. Karotte, Knollensellerie und Frühlingszwiebel zugeben und 10–15 Minuten bei niedriger Hitze gar köcheln lassen. Mit Salz und Pfeffer würzen.
3. Mit frisch gehacktem Dill bestreuen.

Rezepte für die Fastentage

Abendessen

Zoodles mit getrockneten Tomaten

Für 2 Portionen
Nährwerte (pro Portion): Kilokalorien: 165 Kcal,
Protein: 9,4 g, Fett: 9,2 g, Kohlenhydrate: 9,7 g

ZUTATEN

- 2 Zucchini (je 125 g)
- 1 EL Olivenöl
- 100 g getr. Tomaten
- ¼ TL Salz
- ¼ TL Pfeffer
- 1 Handvoll Basilikumblätter
- 1 EL Zitronensaft
- 2 TL Parmesan, gerieben

1. Zucchini waschen, Enden abschneiden und mit einem Spiralschneider zu »Spaghetti« schneiden.
2. Olivenöl in einer Pfanne erhitzen und die Zoodles darin 1–2 Minuten braten. Mit Salz und Pfeffer würzen. Getrocknete Tomaten und Basilikumblätter untermischen.
3. Die Zoodles mit frischem Zitronensaft beträufeln und mit Parmesan bestreuen.

Überbackene Gemüseburger

Für 2 Portionen
Nährwerte (pro Portion): Kilokalorien: 108 Kcal, Protein: 9,6 g, Fett: 5,2 g, Kohlenhydrate: 4,5 g

ZUTATEN

1 Tomate
½ Aubergine
1 Zucchini
60 g Käse, gerieben
¼ TL Salz
¼ TL Pfeffer

1. Backofen auf 180 °C Umluft vorheizen.
2. Tomate waschen und in Scheiben schneiden. Aubergine und Zucchini waschen, putzen und in dicke Scheiben schneiden.
3. Ein Backblech mit Backpapier auslegen. Gemüsescheiben übereinanderstapeln, mit Salz und Pfeffer würzen und mit geriebenem Käse bestreuen.
4. Im Ofen auf mittlerer Schiene für 10–15 Minuten backen.

Gemüsesticks mit Dip

Für 2 Portionen
Nährwerte (pro Portion): Kilokalorien: 259 Kcal, Protein: 26,9 g, Fett: 9,4 g, Kohlenhydrate: 14,5 g

ZUTATEN

- 2 Karotten
- 1 Salatgurke
- 400 g körniger Frischkäse
- ¼ TL Salz
- Saft von ½ Zitrone

1. Karotten schälen und in Sticks schneiden. Gurke waschen, Enden abschneiden und in Sticks schneiden.
2. Körnigen Frischkäse mit Salz würzen und mit frischem Zitronensaft vermischen.

Grüne Erbsensuppe

Für 2 Portionen
Nährwerte (pro Portion): Kilokalorien: 185 Kcal, Protein: 9,3 g, Fett: 7,7 g, Kohlenhydrate: 16,1 g

ZUTATEN

- ½ Zwiebel
- 1 Knoblauchzehe
- 1 TL Olivenöl
- 200 g grüne TK-Erbsen
- 400 ml Gemüsebrühe
- ¼ TL Salz
- ¼ TL Pfeffer
- 100 ml Milch (1,5 %)
- 2 EL Sahne

1. Zwiebel und Knoblauch schälen und hacken. Olivenöl in einem Topf erhitzen, Zwiebel und Knoblauch darin kurz andünsten.
2. Gefrorene Erbsen zugeben und die Gemüsebrühe angießen. Mit Salz und Pfeffer würzen.
3. Zugedeckt 6–8 Minuten weich köcheln, dann die Milch unterrühren.
4. Die Suppe mit einem Stabmixer fein pürieren und mit je 1 EL Sahne anrichten.

Auberginenauflauf

Für 2 Portionen
Nährwerte (pro Portion): Kilokalorien: 178 Kcal, Protein: 8,3 g, Fett: 12,2 g, Kohlenhydrate: 8,8 g

ZUTATEN

- 1 Aubergine
- 1 EL Olivenöl
- ¼ TL Salz
- ¼ TL Pfeffer
- 200 g stückige Tomaten (Dose)
- 4 grüne Oliven
- 50 g Käse, gerieben

1. Aubergine putzen, waschen und in Scheiben schneiden.
2. Olivenöl in einer Pfanne erhitzen und die Auberginenscheiben von jeder Seite 1–2 Minuten goldbraun braten. Mit Salz und Pfeffer würzen.
3. Herausnehmen und auf Küchenpapier abtropfen lassen.
4. Den Backofen auf 200 °C Ober-/Unterhitze vorheizen.
5. Die Auberginenscheiben in eine Auflaufform geben. Die stückigen Tomaten über die Auberginen verteilen.
6. Die Oliven waschen, entkernen, in Scheiben schneiden und über die Tomaten geben.
7. Mit geriebenem Käse bestreuen und 20–25 Minuten backen.

Rezepte für fastenfreie Tage

Frühstück

Pfannkuchen mit Creme und Beeren

Für 2 Portionen
Nährwerte (pro Portion): Kilokalorien: 409 Kcal, Protein: 37,1 g, Fett: 17,8 g, Kohlenhydrate: 17,8 g

ZUTATEN

Für die Pfannkuchen:

100 g Mandelmehl
200 ml Milch (1,5 %)
2 Eier
1 TL Backpulver
1 Prise Salz
1 EL Butter

Für die Creme:

120 g Blaubeeren
100 g Joghurt (1,5 %)

1. Mandelmehl und Milch in eine Schüssel geben und verrühren. Eier, Backpulver und Salz zugeben und zu einem glatten Teig vermischen.
2. Butter in einer Pfanne erhitzen. 1–2 Esslöffel vom Teig hineingeben und bei mittlerer Hitze backen, bis die Unterseite braun ist. Wenden und fertig backen. Mit dem restlichen Teig genauso verfahren.
3. 100 g Blaubeeren mit einem Stabmixer pürieren. Pürierte Blaubeeren mit Joghurt in einer Schüssel vermischen.
4. Pfannkuchen mit Creme und den restlichen Blaubeeren servieren.

Müsli mit Joghurt und Beeren

Für 2 Portionen
Nährwerte (pro Portion): Kilokalorien: 448 Kcal, Protein: 18,2 g, Fett: 34,1 g, Kohlenhydrate: 13,9 g

ZUTATEN

- 25 g Mandeln, gehackt
- 25 g Haselnüsse, gehackt
- 25 g Walnüsse, gehackt
- 25 g Sonnenblumenkerne, gehackt
- 1 Eiweiß
- 1 EL Mandeln, gemahlen
- 1 Prise Salz
- 200 g Joghurt
- 50 g Himbeeren
- 50 g Blaubeeren

1. Backofen auf 120 °C Ober-/Unterhitze vorheizen.
2. Gehackte Nüsse und Sonnenblumenkerne in eine Schüssel geben, Eiweiß, gemahlene Mandeln und Salz zugeben und gut vermischen.
3. Ein Backblech mit Backpapier auslegen und die Müsli-Masse gleichmäßig darauf verteilen.
4. 50–60 Minuten backen. Alle 15 Minuten das Backblech herausnehmen und mit einem Löffel das Müsli durchmischen, sodass es gleichmäßig goldbraun wird. Die Mischung abkühlen lassen.
5. Joghurt mit Müslimischung und Beeren in 2 Gläsern schichten.

Fluffiges gefülltes Omelett

Für 2 Portionen
Nährwerte (pro Portion): Kilokalorien: 522 Kcal, Protein: 27,3 g, Fett: 42,7 g, Kohlenhydrate: 5,7 g

ZUTATEN

Für die Omeletts:
5 Eier
60 ml Milch (1,5 %)
2 Prisen Salz
2 Prisen Pfeffer
2 TL Butter

Für die Füllung:
100 g Cherry-Tomaten
½ Avocado
1 gelbe Paprikaschote
50 g Rucola
1 Mozzarella
2 TL Sesamsamen
¼ TL Salz
¼ TL Pfeffer
Saft von ½ Zitrone

1. Eier und Milch in eine Schüssel geben und mit dem Schneebesen verquirlen. Mit Salz und Pfeffer würzen.
2. Butter in einer Pfanne erhitzen, die Hälfte der Eimasse hineingeben und zugedeckt bei niedriger Hitze 3–4 Minuten stocken lassen. Das zweite Omelett ebenso zubereiten. Omeletts auf 2 Teller legen und warm halten.
3. Tomaten waschen und halbieren. Avocado halbieren, entkernen, das Fruchtfleisch mit einem Löffel herauslösen und in Stücke schneiden. Paprika waschen, entkernen und klein schneiden. Rucola waschen und trocken schleudern. Mozzarella abtropfen lassen und würfeln.
4. Die Omeletts mit den Zutaten für die Füllung befüllen. Mit Sesamsamen bestreuen, mit Salz und Pfeffer würzen und mit frischem Zitronensaft beträufeln.

Leinsamen-Sandwich

Für 2 Portionen
Nährwerte (pro Portion): Kilokalorien: 544 Kcal, Protein: 18,4 g, Fett: 43,8 g, Kohlenhydrate: 9,4 g

ZUTATEN

Für die Brotscheiben:

80 g Leinsamen
25 g Pinienkerne
25 g Walnüsse
2 EL Wasser
1 Ei
1 Prise Salz

Für den Belag:

100 g Cocktailtomaten
½ Avocado
2 EL Frischkäse

1. Backofen auf 160 °C Ober-/Unterhitze vorheizen.
2. Für die Brotscheiben Leinsamen, Pinienkerne und Walnüsse in einen Mixer geben und fein mahlen. Mit Wasser, Ei und Salz vermischen.
3. Ein Backblech mit Backpapier auslegen. Aus dem Teig 2 große Brotscheiben formen und auf das Backblech legen. 15–20 Minuten backen. Die Brotscheiben abkühlen lassen.
4. Tomaten waschen und halbieren. Avocado halbieren, entkernen, das Fruchtfleisch mit einem Löffel herauslösen und in Scheiben schneiden.
5. Die Brotscheiben mit Frischkäse bestreichen und mit Tomaten und Avocado belegen. Eventuell noch mit Salz und Pfeffer würzen.

Tomaten-Rührei-Muffins

Für 2 Portionen (6 Muffins)
Nährwerte (pro Portion, 3 Muffins): Kilokalorien: 255 Kcal, Protein: 39,9 g, Fett: 17 g, Kohlenhydrate: 4,9 g

ZUTATEN

150 g Tomaten
100 g Blattspinat
4 Eier
¼ TL Salz
¼ TL Pfeffer
80 g Käse, gerieben

1. Backofen auf 180 °C Ober-/Unterhitze vorheizen.
2. Tomaten waschen und klein schneiden. Den Blattspinat waschen und trocken schleudern.
3. Eier in einer Schüssel verquirlen. Mit Salz und Pfeffer würzen. Tomaten, Spinat und Käse unter die Ei-Masse heben.
4. Die Mischung in eine Muffinform (6 Muffins) verteilen und 15–20 Minuten backen.

Grüner Power-Smoothie

Für 2 Portionen
Nährwerte (pro Portion): Kilokalorien: 225 Kcal, Protein: 5,3 g, Fett: 11,8 g, Kohlenhydrate: 20,6 g

ZUTATEN

- 100 g Ananas
- 100 g Blattspinat
- 100 g helle Weintrauben
- 100 g Blaubeeren
- 20 g ganze Mandeln
- 40 ml Wasser

1. Die Ananas schälen, längs vierteln, Strunk entfernen und Fruchtfleisch grob würfeln. Den Blattspinat waschen und zusammen mit den Ananasstücken in einen Mixer geben.
2. Restliche Zutaten zugeben und mixen, bis die gewünschte Konsistenz erreicht ist.

Gefülltes Omelett

Für 2 Portionen
Nährwerte (pro Portion): Kilokalorien: 279 Kcal, Protein: 17,5 g, Fett: 20,7 g, Kohlenhydrate: 4,2 g

ZUTATEN

Für das Omelett:
6 Eier
¼ TL Salz
2 TL Butter

Für die Füllung:
250 g Champignons
2 Tomaten (je 60 g)
1 TL Butter
¼ TL Salz
¼ TL Pfeffer

1. Die Eier in eine Schüssel aufschlagen, Salz zugeben und mit einer Gabel verquirlen.
2. Butter in einer Pfanne erhitzen und die Eimasse gleichmäßig in der Pfanne verteilen. Bei schwacher Hitze 2–3 Minuten stocken lassen, dann zugedeckt 5–8 Minuten weitergaren.
3. Champignons und Tomaten waschen, putzen und klein schneiden. In einer zweiten Pfanne die Butter für das Gemüse erhitzen, Champignons und Tomaten in die Pfanne geben. Mit Salz und Pfeffer würzen.
4. Etwa 5–8 Minuten braten. Omelett auf einen Teller legen, Gemüse darüber verteilen und Omelett von beiden Seiten zuklappen.

Gefüllte Tomaten mit Thunfisch

Für 2 Portionen
Nährwerte (pro Portion): Kilokalorien: 264 Kcal, Protein: 8,1 g, Fett: 19,5 g, Kohlenhydrate: 11,6 g

ZUTATEN

- 4 große Tomaten (je 80 g)
- 1 Dose Thunfisch (im eigenen Saft, 185 g)
- ¼ TL Salz
- ¼ TL Pfeffer
- ½ Zwiebel
- 150 g Frischkäse
- 2 TL Senf
- 1 EL Zitronensaft
- ¼ Bund Petersilie

1. Tomaten waschen und am Stielansatz einen Deckel abschneiden. Das Fruchtfleisch vorsichtig mit einem Löffel herauslösen und klein schneiden.
2. Thunfisch abtropfen lassen und in eine Schüssel geben, Tomaten-Fruchtfleisch zugeben und verrühren. Mit Salz und Pfeffer würzen.
3. Zwiebel schälen und klein schneiden. Mit Frischkäse, Senf und Zitronensaft unter die Thunfischcreme heben.
4. Den Thunfischsalat in die Tomaten füllen und mit frisch gehackter Petersilie bestreuen.

Grüne Smoothie-Bowl

Für 2 Portionen
Nährwerte (pro Portion): Kilokalorien: 422 Kcal, Protein: 7,9 g, Fett: 31,8 g, Kohlenhydrate: 18,7 g

ZUTATEN

- 150 g Blattspinat
- ½ Avocado
- ½ Salatgurke
- 250 ml Mandelmilch
- ½ Mango
- 50 g Brombeeren
- 50 g Blaubeeren
- 2 TL Kokosraspeln

1. Blattspinat waschen und in einen Mixer geben. Avocado halbieren, entkernen, das Fruchtfleisch mit einem Löffel herauslösen und ebenfalls in den Mixer geben. Salatgurke in Stücke schneiden und zugeben, Mandelmilch zugeben und mixen.
2. Den Smoothie auf 2 Schüsseln verteilen.
3. Mango halbieren, schälen und entkernen. Das Fruchtfleisch würfeln und zusammen mit den Beeren über die Bowl geben.
4. Mit Kokosraspeln bestreuen.

Low-Carb-Protein-Pancakes

Für 2 Portionen
Nährwerte (pro Portion): Kilokalorien: 376 Kcal, Protein: 36,6 g, Fett: 19,7 g, Kohlenhydrate: 9,7 g

ZUTATEN

- 4 Eier
- 1 Prise Salz
- 120 ml Milch (1,5 %)
- 60 g Proteinpulver (Vanille)
- 1 Prise Zimt
- ½ TL Backpulver
- 2 EL Butter
- 50 g Himbeeren
- 50 g Blaubeeren

1. Eier trennen. Eiweiß mit Salz steif schlagen, Eigelb mit Milch und Proteinpulver verrühren.
2. Zimt und Backpulver zugeben und nochmals vermischen. Das steif geschlagene Eiweiß unterheben.
3. Die Butter portionsweise in einer Pfanne erhitzen, je 1–2 Esslöffel Teig in die Pfanne geben und zu einem runden Pancake ausstreichen. Von jeder Seite 1–2 Minuten backen.
4. Pancakes mit frischen Beeren servieren.

Apfelpfannkuchen

Für 2 Portionen
Nährwerte (pro Portion): Kilokalorien: 368 Kcal, Protein: 31,8 g, Fett: 18,7 g, Kohlenhydrate: 12,4 g

ZUTATEN

4 Eier
1 Prise Salz
80 ml Milch (1,5 %)
80 g Mandelmehl
½ TL Backpulver
1 Apfel
2 TL Butter
evtl. 1–2 EL Puder-Xylit

1. Eier trennen. Eiweiß mit Salz steif schlagen. Eigelbe mit Milch, Mandelmehl und Backpulver verrühren. Das steife Eiweiß unter den Teig heben.
2. Apfel waschen, Kerngehäuse entfernen und in dünne Scheiben schneiden.
3. Butter in einer Pfanne erhitzen und den Teig hineingießen. Apfelscheiben darüber verteilen.
4. Sobald der Teig fest geworden ist, den Pfannkuchen vorsichtig wenden.
5. Eventuell mit Puder-Xylit bestreuen.

Gefüllte Avocado mit Shrimps

Für 2 Portionen
Nährwerte (pro Portion): Kilokalorien: 555 Kcal, Protein: 16,4 g, Fett: 48,2 g, Kohlenhydrate: 5,4 g

ZUTATEN

2 Avocados
Saft von ½ Zitrone
½ grüne Paprikaschote
100 g Garnelen (küchenfertig)
100 g Joghurt (1,5 %)
¼ TL Salz
¼ TL Pfeffer

1. Avocados längs halbieren und den Kern entfernen. Die Schnittfläche mit frischem Zitronensaft beträufeln. Die Paprikaschote in Streifen schneiden.
2. Die Garnelen klein schneiden. Garnelen und Joghurt vermischen. Mit Salz und Pfeffer würzen.
3. Avocadohälften mit dem Garnelensalat füllen, mit den Paprikastreifen belegen.

Smoothie-Bowl mit Beeren

Für 2 Portionen
Nährwerte (pro Portion): Kilokalorien: 314 Kcal, Protein: 14,4 g, Fett: 18,2 g, Kohlenhydrate: 18,2 g

ZUTATEN

400 g Joghurt (3,5 %)
80 g Brombeeren
80 g Blaubeeren
Saft von ½ Zitrone
20 g Kürbiskerne
20 g Kokosraspel

1. Den Joghurt und die Hälfte der Beeren mit einem Stabmixer fein pürieren. Dem Zitronensaft zugeben und verrühren.
2. Die Joghurt-Beeren-Mischung auf 2 Schüsseln verteilen. Mit den restlichen Beeren belegen.
3. Mit Kürbiskernen und Kokosraspeln bestreuen.

Grüner Smoothie mit Apfel

Für 2 Portionen
Nährwerte (pro Portion): Kilokalorien: 345 Kcal, Protein: 4,3 g, Fett: 26,9 g, Kohlenhydrate: 14,7 g

ZUTATEN

- 100 g Blattspinat
- 1 Avocado
- 2 grüne Äpfel
- 2 EL Chiasamen
- 300 ml Wasser

1. Blattspinat waschen und in einen Mixer geben. Avocado halbieren, entkernen, das Fruchtfleisch mit einem Löffel herauslösen und ebenfalls in den Mixer geben.
2. Äpfel waschen und vom Kerngehäuse befreien.
3. Äpfel, Chiasamen und Wasser in den Mixer geben und mixen.

Schoko-Kokos-Shake

Für 2 Portionen
Nährwerte (pro Portion): Kilokalorien: 353 Kcal, Protein: 13,2 g, Fett: 26,8 g, Kohlenhydrate: 10,8 g

ZUTATEN

- 300 ml Milch (1,5 %)
- 40 g Kokosraspel
- 50 g Erdnüsse (ohne Schale)
- 1 EL Backkakao

1. Milch, Kokosraspel und Erdnüsse in einen Mixer geben und mixen.
2. Backkakao zugeben und nochmals mixen.

Rezepte für fastenfreie Tage

Mittagessen

Zoodles-Bolognese

Für 2 Portionen
Nährwerte (pro Portion): Kilokalorien: 614 Kcal,
Protein: 35,9 g, Fett: 44,7 g, Kohlenhydrate: 11,1 g

ZUTATEN

- 2 Zucchini (je 120 g)
- ½ Zwiebel
- 1 Knoblauchzehe
- 2 EL Olivenöl
- 250 g Rinderhackfleisch
- ¼ TL Salz
- ¼ TL Pfeffer
- 200 g stückige Tomaten (Dose)
- 40 g Käse, gerieben
- 2 TL Pinienkerne

1. Zucchini waschen, putzen und Enden abschneiden. Mit einem Spiralschneider zu Zoodles drehen. Zwiebel und Knoblauch schälen und fein hacken.
2. Einen Esslöffel Olivenöl in einer Pfanne erhitzen und die Zwiebel andünsten. Hackfleisch und Knoblauch zugeben, anbraten und mit Salz und Pfeffer würzen. Mit den stückigen Tomaten ablöschen und weitere 4–6 Minuten bei niedriger Hitze köcheln lassen.
3. In einer weiteren Pfanne das restliche Olivenöl erhitzen und die Zoodles 2–3 Minuten garen. Zoodles abgießen, abtropfen lassen und auf 2 Teller verteilen.
4. Die Hackfleischsoße darübergeben. Mit geriebenem Käse und Pinienkernen bestreuen.

Chili con Carne

Für 2 Portionen
Nährwerte (pro Portion): Kilokalorien: 477 Kcal, Protein: 30,1 g, Fett: 27,5 g, Kohlenhydrate: 19,2 g

ZUTATEN

- ½ Zwiebel
- 2 Knoblauchzehen
- 1 TL Olivenöl
- 250 g Rinderhackfleisch
- ¼ TL Salz
- ¼ TL Pfeffer
- ¼ TL Paprika (edelsüß)
- 1 Tomate
- ½ rote Chilischote
- 100 g Kidneybohnen (Dose)
- 100 g Mais (Dose)
- 100 ml passierte Tomaten (Dose)
- 100 ml Gemüsebrühe

1. Zwiebel und Knoblauchzehen schälen und fein hacken. Olivenöl in einer Pfanne erhitzen. Die Zwiebel darin andünsten. Hackfleisch und Knoblauch zugeben und anbraten. Mit Salz, Pfeffer und Paprika würzen.
2. Tomate und Chilischote waschen, klein schneiden und zum Hackfleisch geben. Umrühren.
3. Kidneybohnen und Mais mit kaltem Wasser abspülen, abtropfen lassen und zusammen mit den passierten Tomaten zugeben. Umrühren und 1–2 Minuten braten.
4. Mit der Gemüsebrühe ablöschen und bei geringer Hitze 15–20 Minuten köcheln lassen.

Lachs mit gekochtem Gemüse

Für 2 Portionen
Nährwerte (pro Portion): Kilokalorien: 593 Kcal, Protein: 57,1 g, Fett: 31,2 g, Kohlenhydrate: 14,8 g

ZUTATEN

250 g Brokkoli
250 g Blumenkohl
250 g Rosenkohl
150 g kleine Karotten
2 Lachsfilets (je 200 g)
1 EL Butter
¼ TL Salz
¼ TL Pfeffer
Saft von ½ Zitrone

1. Brokkoli und Blumenkohl waschen, abtropfen lassen und in Röschen teilen. Von den Rosenkohlröschen die äußeren Blätter entfernen. Die Karotten abbürsten, Enden abschneiden.
2. Salzwasser in einem Topf zum Kochen bringen. Rosenkohl zugeben, nach 3 Minuten Brokkoli, Blumenkohl und Karotten zugeben, Hitze reduzieren und 5–6 Minuten kochen.
3. In der Zwischenzeit wird der Lachs zubereitet. Hierfür Butter in einer Pfanne erhitzen. Den Lachs mit Salz und Pfeffer würzen und von jeder Seite 2–3 Minuten braten.
4. Das Gemüse abgießen und zusammen mit dem Lachs anrichten, mit Zitronensaft beträufeln.

Zucchini-Käseauflauf

Für 2 Portionen
Nährwerte (pro Portion): Kilokalorien: 490 Kcal, Protein: 37,1 g, Fett: 30,7 g, Kohlenhydrate: 10,4 g

ZUTATEN

- ½ Zwiebel
- 1 Knoblauchzehe
- 1 TL Olivenöl
- 250 g Rinderhackfleisch
- ¼ TL Salz
- ¼ TL Pfeffer
- 200 g stückige Tomaten (Dose)
- 250 g Zucchini
- 2 EL Parmesan, gerieben
- 50 g Käse, gerieben

1. Backofen auf 200 °C Umluft vorheizen.
2. Zwiebel und Knoblauch schälen und fein hacken. Olivenöl in einer Pfanne erhitzen und Zwiebel andünsten.
3. Hackfleisch und Knoblauch zugeben, mit Salz und Pfeffer würzen und 2–3 Minuten anbraten. Stückige Tomaten zugeben und weitere 10–12 Minuten auf niedriger Hitze köcheln lassen.
4. Zucchini waschen, Enden abschneiden und in Scheiben schneiden. Die Hälfte der Zucchini-Scheiben in eine Auflaufform geben und gleichmäßig verteilen.
5. Parmesan darüberstreuen und die Hackfleischmischung darübergießen.
6. Mit den restlichen Zucchini-Scheiben belegen und zum Schluss mit geriebenem Käse bestreuen.
7. 20–25 Minuten backen.

Brokkoli-Käse-Bites

Für 2 Portionen (6 Bites)
Nährwerte (pro Portion): Kilokalorien: 336 Kcal, Protein: 29,1 g, Fett: 19,3 g, Kohlenhydrate: 8,8 g

ZUTATEN

250 g Brokkoli
100 g Käse, gerieben
1 EL Mandelmehl
4 Eier
½ Zwiebel
¼ TL Salz
¼ TL Pfeffer

1. Backofen auf 180 °C Umluft vorheizen. Brokkoliröschen vom Strunk entfernen und mit kaltem Wasser abspülen. Die Röschen in kochendem Salzwasser 6–8 Minuten garen.
2. Das Wasser abgießen und Brokkoli mit kaltem Wasser abschrecken, so bleibt die grüne Farbe länger erhalten. Die Röschen in eine Schüssel geben, geriebenen Käse und Mandelmehl zugeben und verrühren.
3. Eier in einer Schüssel verquirlen, zugeben und vermischen.
4. Zwiebel schälen, klein schneiden und unter die Brokkolimasse mischen. Mit Salz und Pfeffer würzen.
5. Die Masse gleichmäßig in eine Muffinform (6 Muffins) verteilen oder aus der Masse sechs runde Bites formen und nebeneinander auf ein Backblech (mit Backpapier) legen.
6. 15–18 Minuten backen.

Lachs mit Mandelkruste und Püree

Für 2 Portionen
Nährwerte (pro Portion): Kilokalorien: 490 Kcal, Protein: 39,6 g, Fett: 36,4 g, Kohlenhydrate: 2,2 g

ZUTATEN

Für den Lachs:

2 Lachsfilets (je 150 g)
1 EL Olivenöl
¼ TL Salz
¼ TL Pfeffer
½ Zitrone
2 Stängel Dill
40 g Mandelblättchen

Für das Püree:

250 g Pastinaken
50 g grüne TK-Erbsen (aufgetaut)
50 ml Milch (1,5 %)
50 ml Schlagsahne
1 EL Butter
¼ TL Salz
¼ TL Pfeffer
100 g Tomaten

1. Backofen auf 160 °C Umluft vorheizen.
2. Lachsfilets waschen und trocken tupfen. Olivenöl in einer Pfanne erhitzen und die Filets von jeder Seite ca. 2 Minuten anbraten. Mit Salz und Pfeffer würzen. Lachsfilets in eine Auflaufform geben und mit Zitronensaft beträufeln.
3. Den Dill waschen, trocken schütteln und fein hacken. Dill und Mandelblättchen über den Lachs geben. 15–20 Minuten garen.
4. Die Pastinaken schälen und in grobe Stücke schneiden. In kochendem Salzwasser 10-12 Minuten kochen, aufgetaute Erbsen dazugeben und weitere 2–3 Minuten kochen. Das Wasser abgießen und das Gemüse im Topf 2–3 Minuten abkühlen lassen. Milch, Schlagsahne und Butter dazugeben und mit einem Kartoffelstampfer zerstampfen. Mit Salz und Pfeffer würzen.
5. Die Lachsfilets aus dem Backofen nehmen und mit Püree und Tomatenvierteln servieren.

Hähnchenbrust mit Salat

Für 2 Portionen
Nährwerte (pro Portion): Kilokalorien: 473 Kcal, Protein: 48,5 g, Fett: 27,3 g, Kohlenhydrate: 6,2 g

ZUTATEN

Für das Fleisch:

2 Hähnchenbrustfilets (je 200 g)
1 EL Olivenöl
¼ TL Salz
¼ TL Pfeffer

Für den Salat:

100 g Mangold
100 g Blattspinat
50 g Rucola
100 g Cherry-Tomaten
2 EL Olivenöl
Salz, Pfeffer

1. Die Hähnchenbrustfilets mit kaltem Wasser abspülen und trocken tupfen. Olivenöl in einer Pfanne erhitzen und das Fleisch darin von beiden Seiten anbraten. Mit Salz und Pfeffer würzen.
2. Für den Salat Mangold, Spinat und Rucola waschen und trocken schleudern. Zu lange Stiele entfernen. Tomaten waschen und halbieren.
3. Den Salat mit Olivenöl beträufeln, mit Salz und Pfeffer würzen und zur Hähnchenbrust servieren.

Low-Carb-Bowl

Für 2 Portionen
Nährwerte (pro Portion): Kilokalorien: 522 Kcal, Protein: 28,9 g, Fett: 39,5 g, Kohlenhydrate: 7,5 g

ZUTATEN

- 100 g grüne TK-Erbsen
- ¼ Kopfsalat (100 g)
- ½ Salatgurke
- 1 Avocado
- 4 Radieschen
- 200 g Lachs
- 40 g Rote-Bete-Sprossen
- 40 g Rucola-Keimsprossen
- 1 TL Sesamsaat (schwarz)
- 1 TL Sesamsaat (weiß)

1. Die Erbsen 2–3 Minuten in kochendem Salzwasser bissfest kochen. Anschließend unter kaltem Wasser abschrecken. Den Kopfsalat waschen und trocken schleudern. Gurke waschen und mit einem Sparschäler in dünne Streifen hobeln. Die Avocado halbieren, Stein entfernen, Fruchtfleisch mit einem Löffel herauslösen und in mundgerechte Stücke schneiden. Radieschen waschen und in dünne Scheiben schneiden.
2. Lachs in 1–2 cm große Würfel schneiden.
3. Kopfsalat auf 2 Bowls verteilen und mit den restlichen Zutaten anrichten.
4. Zum Schluss mit schwarzen und weißen Sesamsamen bestreuen.

Brokkoli-Käse-Auflauf

Für 2 Portionen
Nährwerte (pro Portion): Kilokalorien: 420 Kcal,
Protein: 26,6 g, Fett: 29,5 g, Kohlenhydrate: 10,9 g

ZUTATEN

350 g Brokkoli
1 rote Zwiebel
2 Knoblauchzehen
100 g Sahne
1 Ei
80 g Feta
80 g Käse, gerieben
¼ TL Salz
¼ TL Pfeffer

1. Brokkoli waschen, putzen und in kleine Röschen zerteilen. Die Röschen in kochendem Salzwasser 2–3 Minuten blanchieren.
2. Den Backofen auf 220 °C Ober-/Unterhitze vorheizen.
3. Zwiebel und Knoblauch schälen und hacken. Sahne und Ei in eine Schüssel geben und verquirlen. Zwiebel, Knoblauch und Brokkoliröschen in eine Auflaufform geben.
4. Den Feta mit den Händen zerbröseln und über die Röschen verteilen. Ei-Sahne-Mischung darübergießen. Mit geriebenem Käse bestreuen und mit Salz und Pfeffer würzen.
5. 15–20 Minuten backen.

Gefüllte Zucchini

Für 2 Portionen
Nährwerte (pro Portion): Kilokalorien: 451 Kcal, Protein: 29,7 g, Fett: 31,7 g, Kohlenhydrate: 9,8 g

ZUTATEN

- 2 Zucchini (je 125 g)
- 200 g Rinderhackfleisch
- ½ Zwiebel
- 1 Knoblauchzehe
- 1 EL Olivenöl
- 1 Tomate
- 2 EL Tomatenmark
- ¼ TL Salz
- ¼ TL Pfeffer
- 50 g Käse, gerieben
- 2 TL Parmesan, gerieben

1. Backofen auf 200 °C Ober-/Unterhitze vorheizen.
2. Zucchini waschen, putzen und längs halbieren. Fruchtfleisch mit einem Löffel vorsichtig aushöhlen und aufheben. Zwiebel und Knoblauch schälen und hacken.
3. Olivenöl in einer Pfanne erhitzen und Zwiebel andünsten. Hackfleisch und Knoblauch zugeben und braten.
4. Tomate waschen, würfeln und zusammen mit dem Fruchtfleisch der Zucchini zum Hackfleisch geben. Bei mittlerer Hitze 2–3 Minuten braten. Mit Salz und Pfeffer würzen. Tomatenmark und geriebenen Käse untermischen und die Pfanne vom Herd nehmen.
5. Ein Backblech mit Backpapier auslegen und die Zucchinihälften auf dem Backblech nebeneinanderlegen. Mit der Hackfleisch-Mischung befüllen, 20–25 Minuten backen. Vor dem Servieren mit geriebenem Parmesan bestreuen.

Champignon-Cremesuppe

Für 2 Portionen
Nährwerte (pro Portion): Kilokalorien: 248 Kcal,
Protein: 7,6 g, Fett: 17,5 g, Kohlenhydrate: 9,5 g

ZUTATEN

350 g Champignons
1 Zwiebel
1 Knoblauchzehe
1 EL Butter
400 ml Gemüsebrühe
⅓ TL Salz
⅓ TL Pfeffer
100 ml Sahne

1. Champignons waschen, putzen und in Scheiben schneiden. Zwiebel und Knoblauch schälen und fein hacken.
2. Butter in einem großen Topf erhitzen und die Zwiebel darin glasig andünsten. Champignons zugeben und 2–3 Minuten andünsten.
3. Pilze mit der Gemüsebrühe ablöschen und bei niedriger Hitze ca. 10 Minuten köcheln lassen. Mit Salz und Pfeffer würzen.
4. Sahne hineinrühren und 1–2 Minuten köcheln lassen. Den Topf vom Herd nehmen und Suppe mit einem Stabmixer fein pürieren.

Cremige Zucchinisuppe

Für 2 Portionen
Nährwerte (pro Portion): Kilokalorien: 281 Kcal, Protein: 4,8 g, Fett: 24,8 g, Kohlenhydrate: 8,5 g

ZUTATEN

250 g Zucchini
½ Zwiebel
1 Knoblauchzehe
1 EL Olivenöl
400 ml Gemüsebrühe
⅓ TL Salz
⅓ TL Pfeffer
100 ml Sahne
Saft von ½ Zitrone
2 EL Crème fraîche

1. Zucchini waschen, Enden abschneiden und in Würfel schneiden. Zwiebel und Knoblauch schälen und fein hacken.
2. Olivenöl in einem großen Topf erhitzen und die Zwiebel glasig andünsten. Mit Gemüsebrühe ablöschen, Zucchini und Knoblauch zugeben. Mit Salz und Pfeffer würzen.
3. Die Suppe bei niedriger Hitze ca. 10 Minuten köcheln lassen. Sahne unterrühren.
4. Den Topf vom Herd nehmen, Zitronensaft zugeben und die Suppe mit einem Pürierstab fein pürieren.
5. Mit Crème fraîche servieren.

Gefüllte Paprika mit Hackfleisch und Feta

Für 2 Portionen
Nährwerte (pro Portion): Kilokalorien: 521 Kcal, Protein: 30,3 g, Fett: 36,6 g, Kohlenhydrate: 14,2 g

ZUTATEN

- 2 Paprikaschoten
- ½ Zwiebel
- 2 Knoblauchzehen
- 200 g Rinderhackfleisch
- 100 g Feta
- 2 EL Tomatenmark
- 50 g Mais (Dose)
- 250 ml Gemüsebrühe
- 1 EL Olivenöl
- ¼ TL Salz
- ¼ TL Pfeffer
- ¼ TL Paprikapulver (edelsüß)

1. Backofen auf 200 °C Ober-/Unterhitze vorheizen.
2. Paprikaschoten waschen und jeweils das obere Viertel abschneiden. Stiel entfernen und das obere Viertel fein würfeln. Kerne und weiße Innenhäute entfernen.
3. Zwiebel und Knoblauch schälen und fein hacken. Olivenöl in Pfanne erhitzen und Zwiebel andünsten.
4. Hackfleisch, Knoblauch und Paprikawürfelchen zugeben und anbraten. Mit Salz, Pfeffer und Paprikapulver würzen. Mit 100 ml Gemüsebrühe ablöschen und 2–3 Minuten köcheln lassen.
5. Die Hälfte des Feta fein hacken und zusammen mit Tomatenmark und Mais dazugeben, umrühren und die Pfanne vom Herd nehmen.
6. Paprikaschoten mit der Hackfleisch-Mischung befüllen und in eine Auflaufform geben. Mit restlichem Feta bestreuen und die restliche Gemüsebrühe in die Auflaufform gießen. 25–30 Minuten backen.

Tomaten-Auberginen-Auflauf

Für 2 Portionen

Nährwerte (pro Portion): Kilokalorien: 367 Kcal, Protein: 22,1 g, Fett: 24,5 g, Kohlenhydrate: 8,1 g

ZUTATEN

- 250 g Aubergine
- 1 EL Olivenöl
- 150 g Cherry-Tomaten
- 125 g Mozzarella
- 200 g stückige Tomaten (Dose)
- ¼ TL Salz
- ¼ TL Pfeffer
- 50 g Käse, gerieben

1. Backofen auf 200 °C Ober-/Unterhitze vorheizen.
2. Die Aubergine waschen, putzen, trocken tupfen und in Scheiben schneiden. Olivenöl in einer Pfanne erhitzen und die Scheiben von jeder Seite 2–3 Minuten goldbraun anbraten.
3. Cherry-Tomaten waschen und klein schneiden. Mozzarella abtropfen lassen und in dünne Scheiben schneiden.
4. Die Auberginenscheiben in eine Auflaufform geben. Stückige Tomaten, Cherry-Tomaten und Mozzarella zugeben. Mit Salz und Pfeffer würzen.
5. Mit geriebenem Käse bestreuen und 15–20 Minuten backen.

Gefüllte Zucchiniröllchen

Für 2 Portionen

Nährwerte (pro Portion): Kilokalorien: 493 Kcal, Protein: 25,7 g, Fett: 38,7 g, Kohlenhydrate: 9,4 g

ZUTATEN

- 2 Zucchini (je 125 g)
- 250 g Mozzarella
- 2 Tomaten
- 50 g Rucola
- Saft von ½ Zitrone
- 2 EL Balsamico-Essig
- 2 EL Olivenöl

1. Zucchini waschen und Enden abschneiden. Längs in dünne (0,5 mm) Scheiben schneiden.
2. Eine beschichtete Grillpfanne erhitzen (ohne Öl) und die Zucchinischeiben darin von jeder Seite ca.1 Minute anbraten.
3. Mozzarella abtropfen lassen und in Scheiben schneiden. Tomaten waschen und in Scheiben schneiden. Rucola waschen und trocken schleudern.
4. Zucchinischeiben mit Mozzarella, Tomaten und Rucola belegen, mit Zitronensaft beträufeln und zusammenrollen.
5. Mit Balsamico-Essig und Olivenöl beträufeln.

Rezepte für fastenfreie Tage

Abendessen

Brokkoli-Pizza mit Avocado

Für 2 Portionen (1 Pizza)
Nährwerte (pro Portion, ½ Pizza): Kilokalorien: 598 Kcal, Protein: 34,5 g, Fett: 44,1 g, Kohlenhydrate: 6,5 g

ZUTATEN

Für den Boden:

400 g Brokkoli
2 Eier
50 g Mozzarella
50 g Parmesan, gerieben
¼ TL Salz
¼ TL Pfeffer

Für den Belag:

100 g Champignons
1 Avocado
60 g Käse, gerieben
evtl. etwas frisch gehackte Petersilie zum Servieren

1. Backofen auf 180 °C Ober-/Unterhitze vorheizen.
2. Brokkoli waschen, Stiel abschneiden und Kopf in kleine Röschen zerteilen. Die Röschen in einer Küchenmaschine zerkleinern.
3. Ein Backblech mit Backpapier auslegen, den zerkleinerten Brokkoli darauf verteilen und 4–6 Minuten backen. Anschließend abkühlen lassen.
4. Die Eier in eine Schüssel geben und mit einem Schneebesen verrühren. Mozzarella klein hacken. Mozzarella und Parmesan zum Ei geben, mit Salz und Pfeffer würzen und gut vermischen.
5. Zuletzt den zerkleinerten, vorgebackenen Brokkoli unterrühren. Die Brokkolimasse auf dem Backblech zu einem runden Kreis verteilen. 10–12 Minuten backen.
6. Champignons waschen, putzen und in Scheiben schneiden. Avocado halbieren, Kern entfernen, das Fruchtfleisch mit einem Löffel herauslösen und in Scheiben schneiden.
7. Den Pizzaboden zuerst mit den Champignons und dann mit der Avocado belegen. Zuletzt mit geriebenem Käse bestreuen. Weitere 8 –10 Minuten backen. Eventuell mit frisch gehackter Petersilie servieren.

Low-Carb-Cheeseburger

Für 2 Portionen (2 Cheeseburger)
Nährwerte (pro Cheeseburger): Kilokalorien: 361 Kcal, Protein: 24,9 g, Fett: 25,8 g, Kohlenhydrate: 3,9 g

ZUTATEN

- 200 g Rinderhackfleisch
- ¼ TL Salz
- ¼ TL Pfeffer
- 2 TL Olivenöl
- ½ rote Zwiebel
- ½ Tomate
- 4 große Salatblätter
- 2 Scheiben Käse (je 20 g)

1. Hackfleisch mit Salz und Pfeffer würzen, gut durchmischen und zwei Pattys formen.
2. Öl in einer Pfanne erhitzen und die Burger-Pattys von beiden Seiten je 2–3 Minuten braten.
3. Zwiebel schälen und in Ringe schneiden. Tomaten waschen und in dünne Scheiben schneiden. Salatblätter gut waschen, trocken tupfen und mit den Zutaten belegen.

Lachs mit Salsa-Salat

Für 2 Portionen
Nährwerte (pro Portion): Kilokalorien: 550 Kcal,
Protein: 45,3 g, Fett: 29,3 g, Kohlenhydrate: 19,8 g

ZUTATEN

Für den Lachs:
2 Lachsfilets (je 180 g)
½ TL Salz
½ TL Pfeffer
1 EL Butter

Für den Salsa-Salat:
100 g Mais (Dose)
½ rote Zwiebel
½ rote Paprikaschote
½ grüne Paprikaschote
½ gelbe Paprikaschote
100 g Blaubeeren
Saft von ½ Zitrone

1. Lachs mit kaltem Wasser abspülen, trocken tupfen und von beiden Seiten mit Salz und Pfeffer würzen.
2. Butter in einer Pfanne schmelzen lassen und den Lachs von jeder Seite 2–3 Minuten anbraten. Den Lachs zur Seite stellen und warm halten.
3. Für den Salat den Mais abgießen und in eine Schüssel geben. Zwiebel schälen und würfeln, mit dem Mais vermischen.
4. Paprikaschoten waschen, halbieren, entkernen und klein schneiden. Mit den Blaubeeren zum Salat geben und vermischen.
5. Den Lachs mit Zitronensaft beträufeln und mit dem Salsa-Salat servieren.

Low-Carb-Pizzaschnecken

Für 2 Portionen (6 Schnecken)
Nährwerte (pro Portion, 3 Schnecken): Kilokalorien: 440 Kcal, Protein: 37,9 g, Fett: 21,1 g, Kohlenhydrate: 8,9 g

ZUTATEN

Für die Teigrolle:

2 Eier
80 g Käse, gerieben
125 g Quark (20 %)
1 EL Leinmehl
1 EL Mandelmehl
½ TL Backpulver
1 Prise Salz

Für den Belag:

½ Zwiebel
1 Knoblauchzehe
200 g stückige Tomaten (Dose)
50 g Kochschinken
50 g Käse, gerieben
¼ TL Salz
¼ TL Pfeffer
¼ TL Oregano

1. Backofen auf 180 °C Ober-/Unterhitze vorheizen.
2. Eier, geriebenen Käse und Quark in eine Schüssel geben und vermischen.
3. Leinmehl, Mandelmehl, Backpulver und Salz zugeben und zu einem glatten Teig verarbeiten. Ein Backblech mit Backpapier auslegen und den Teig gleichmäßig (ca. 0,5 cm hoch) zu einem Rechteck formen.
4. 10–15 Minuten backen und anschließend abkühlen lassen.
5. Zwiebel und Knoblauch schälen und klein hacken. Teigrolle gleichmäßig mit stückigen Tomaten bestreichen und mit Kochschinken, Zwiebeln und Knoblauch belegen.
6. Geriebenen Käse darüberstreuen und mit Salz, Pfeffer und Oregano würzen.
7. Die Teigrolle vorsichtig fest zusammenrollen und in 12 Schnecken schneiden. Die Schnecken nebeneinander auf ein mit Backpapier belegtes Backblech legen. Bei 180 °C Ober-/Unterhitze 10–15 Minuten backen.

Gebackene Zucchinisticks

Für 2 Portionen
Nährwerte (pro Portion): Kilokalorien: 446 Kcal, Protein: 25,1 g, Fett: 34,4 g, Kohlenhydrate: 11,4 g

ZUTATEN

2 Zucchini (je 125 g)
2 Eier
50 g Parmesan, gerieben
50 g Mandeln, gemahlen
⅓ TL Salz
⅓ TL Pfeffer
⅓ TL Paprikapulver (edelsüß)

Für den Dip:

200 g Joghurt (1,5 %)
¼ TL Paprikapulver (edelsüß)
2 TL Olivenöl
1 Knoblauchzehe

1. Den Backofen auf 250 °C Umluft vorheizen.
2. Zucchini waschen, putzen, trocken tupfen und Enden abschneiden. Längs vierteln und in 3–5 cm lange Stücke scheiden. Eier in eine Schüssel aufschlagen und mit einer Gabel verquirlen.
3. Parmesan, gemahlene Mandeln, Salz, Pfeffer und Paprikapulver auf einem flachen Teller vermischen. Zucchinisticks zuerst im Ei und anschließend in der Parmesan-Mandel-Mischung (leicht andrücken) wenden.
4. Ein Backblech mit Backpapier auslegen und die Sticks nebeneinander verteilen. 10–15 Minuten backen.
5. In der Zwischenzeit wird der Dip zubereitet. Hierfür Joghurt, Paprikapulver und Olivenöl in einer Schüssel vermischen. Knoblauchzehen schälen und in die Joghurtmischung pressen. Kräftig verrühren und zu den heißen Sticks servieren.

Gefüllte Zucchinirolle mit Karotten

Für 2 Portionen
Nährwerte (pro Portion): Kilokalorien: 349 Kcal, Protein: 20,2 g, Fett: 22,7 g, Kohlenhydrate: 13,7 g

ZUTATEN

Für die Rolle:

250 g Zucchini
½ TL Salz
4 Eier
50 g Käse, gerieben
½ TL Backpulver
1 Knoblauchzehe

Für die Karottenmischung:

2 Karotten
1 EL Olivenöl
50 g Joghurt (3,5 %)
Saft von ½ Zitrone
Salz und Pfeffer

1. Zucchini waschen, Enden abschneiden und fein raspeln. Geraspelte Zucchini auf ein Küchentuch legen, mit Salz bestreuen und 10–15 Minuten stehen lassen. In dieser Zeit verliert die Zucchini viel Wasser.
2. Den Backofen auf 200 °C Ober-/Unterhitze vorheizen.
3. Eier trennen und das Eiweiß steif schlagen. Eigelb mit geriebenem Käse und Backpulver vermischen. Knoblauch schälen, fein pressen und dazugeben. Zucchini zugeben und verrühren. Steif geschlagenes Eiweiß unterheben.
4. Ein Backblech mit Backpapier auslegen. Die Masse auf dem Backblech gleichmäßig zu einem Rechteck glatt streichen. 15–20 Minuten backen.
5. Karotten schälen, fein raspeln und mit Olivenöl vermischen. Joghurt und Zitronensaft zugeben, mit Salz und Pfeffer würzen und verrühren.
6. Zucchinirolle mit der Karottenmischung bestreichen und vorsichtig zusammenrollen. In 2–3 cm dicke Stücke schneiden.

Zucchininudeln mit Garnelen

Für 2 Portionen
Nährwerte (pro Portion): Kilokalorien: 201 Kcal, Protein: 19,6 g, Fett: 9,1 g, Kohlenhydrate: 8,6 g

ZUTATEN

- 3 Zucchini (je 125 g)
- ½ Zwiebel
- 1 Knoblauchzehe
- 1 EL Olivenöl
- 150 g Garnelen
- ¼ TL Salz
- ¼ TL Pfeffer
- ¼ Paprikapulver (edelsüß)
- ½ Zitrone

1. Zucchini waschen, putzen und Enden abschneiden. Mit einem Spiralschneider zu langen »Spaghetti« verarbeiten. Zwiebel und Knoblauch schälen und fein hacken.
2. Olivenöl in einer Pfanne erhitzen, Zwiebel andünsten und Garnelen mit Knoblauch scharf anbraten. Mit Salz, Pfeffer und Paprikapulver würzen.
3. Die Zucchininudeln in kochendem Salzwasser 1–2 Minuten kochen. Abgießen und mit den Garnelen anrichten. Mit frischem Zitronensaft beträufeln.

Grüne-Bohnen-Salat mit Hähnchen

Für 2 Portionen
Nährwerte (pro Portion): Kilokalorien: 397 Kcal,
Protein: 37,4 g, Fett: 20,9 g, Kohlenhydrate: 10,8 g

ZUTATEN

250 g grüne Bohnen
250 g Hähnchenbrust
2 EL Olivenöl
¼ TL Salz
¼ TL Pfeffer
100 g Cherry-Tomaten
250 g Champignons
½ Zwiebel
Saft von ½ Zitrone
2 TL Sesamsamen

1. Die Bohnen waschen, Enden abschneiden und in 4–5 cm lange Stücke schneiden. In kochendem Salzwasser 4–6 Minuten blanchieren, abgießen und mit kaltem Wasser abschrecken. Bohnen in eine große Salatschüssel geben.
2. Hähnchenbrust mit kaltem Wasser waschen, trocken tupfen und in mundgerechte Stücke schneiden.
3. Einen Esslöffel Olivenöl in einer Pfanne erhitzen und die Fleischstücke goldgelb anbraten. Mit Salz und Pfeffer würzen. Fleisch aus der Pfanne nehmen, abkühlen lassen und zu den Bohnen geben.
4. Tomaten waschen und halbieren, Champignons waschen, putzen und klein schneiden (mit Stiel). Zwiebel schälen und klein hacken.
5. Restliches Öl in die Pfanne geben und Zwiebel glasig andünsten. Tomaten und Champignons in die Pfanne geben und 3–5 Minuten anbraten. Abkühlen lassen und zu den Bohnen geben.
6. Mit Zitronensaft beträufeln und mit Sesamsamen bestreuen.

Zoodles mit buntem Gemüse

Für 2 Portionen
Nährwerte (pro Portion): Kilokalorien: 302 Kcal,
Protein: 11,4 g, Fett: 17,2 g, Kohlenhydrate: 19,7 g

ZUTATEN

- 2 Zucchini (je 125 g)
- 150 g grüne TK-Erbsen
- 200 g Cherry-Tomaten
- 2 EL Olivenöl
- 1 Knoblauchzehe
- 100 g Mais (Dose)
- Saft von ½ Zitrone
- 2 EL Parmesan, gerieben
- evtl. etwas Petersilie

1. Zucchini waschen, putzen und Enden abschneiden. Mit einem Spiralschneider zu langen dünnen Streifennudeln schneiden.
2. Erbsen in kochendem Salzwasser 2–3 Minuten garen, abgießen und mit kaltem Wasser abschrecken.
3. Tomaten waschen und halbieren. Knoblauch schälen und durchpressen. Olivenöl in einer Pfanne erhitzen und den Knoblauch 1–2 Minuten andünsten. Zoodles zugeben und 2–3 Minuten anbraten.
4. Erbsen, Tomaten und Mais zu den Zucchininudeln geben, umrühren und auf 2 Teller verteilen.
5. Mit Zitronensaft beträufeln und mit geriebenem Parmesan bestreuen. Eventuell mit frischer Petersilie anrichten.

Mini-Auberginen-Pizza

Für 2 Portionen
Nährwerte (pro Portion): Kilokalorien: 217 Kcal, Protein: 17,2 g, Fett: 9,4 g, Kohlenhydrate: 11,5 g

ZUTATEN

2 Auberginen (je 250 g)
2 EL Olivenöl
⅓ TL Salz
⅓ TL Pfeffer
200 g Tomaten
30 g Basilikum
100 g Käse, gerieben

1. Backofen auf 180 °C Umluft vorheizen.
2. Auberginen waschen, Enden abschneiden und in ca. 2 cm dicke Scheiben schneiden. Ein Backblech mit Backpapier auslegen und die Scheiben nebeneinander auslegen. Mit Olivenöl beträufeln und mit Salz und Pfeffer würzen.
3. Tomaten in kleine Stücke schneiden und in eine Schüssel geben. Basilikum fein hacken, zugeben und gut vermischen.
4. Auberginenscheiben mit der Tomaten-Mischung belegen. Zum Schluss mit geriebenem Käse bestreuen.
5. 20–25 Minuten backen.

Hackfleisch mit Bohnen

Für 2 Portionen
Nährwerte (pro Portion): Kilokalorien: 423 Kcal, Protein: 27,6 g, Fett: 30,7 g, Kohlenhydrate: 6,5 g

ZUTATEN

250 g grüne Bohnen
1 EL Olivenöl
2 Knoblauchzehen
250 g Rinderhackfleisch
⅓ TL Salz
⅓ TL Pfeffer
1 EL Sojasoße

1. Bohnen putzen, Enden abschneiden und in Salzwasser 6–8 Minuten kochen; danach abgießen.
2. Olivenöl in einer Pfanne erhitzen. Knoblauch schälen und in die Pfanne pressen. Hackfleisch in die Pfanne geben und anbraten. Mit Salz und Pfeffer würzen.
3. Grüne Bohnen zugeben und 6–8 Minuten braten. Sojasoße zugeben, umrühren und servieren.

Tomaten-Zucchini-Ratatouille

Für 2 Portionen
Nährwerte (pro Portion): Kilokalorien: 182 Kcal, Protein: 3,5 g, Fett: 14,5 g, Kohlenhydrate: 6,5 g

ZUTATEN

- 4 Tomaten
- 2 Zucchini (je 125 g)
- 2 EL Olivenöl
- ⅓ TL Salz
- ⅓ TL Pfeffer
- ⅓ TL Paprikapulver (edelsüß)
- 1 TL getr. Basilikum

1. Backofen auf 180 °C Ober-/Unterhitze vorheizen.
2. Tomaten und Zucchini waschen. Die Enden der Zucchini abschneiden. Tomaten und Zucchini in Scheiben schneiden und in eine Auflaufform schichten. Mit Olivenöl beträufeln und mit Salz, Pfeffer und Paprika würzen.
3. 20–25 Minuten backen. Mit getrocknetem Basilikum bestreuen.

Brokkoli-Käse-Puffer

Für 2 Portionen
Nährwerte (pro Portion): Kilokalorien: 581 Kcal, Protein: 42,8 g, Fett: 34,5 g, Kohlenhydrate: 20,9 g

ZUTATEN

- 250 g Brokkoli
- 3 Eier
- 125 g Quark (20 %)
- 100 g Käse, gerieben
- 25 g Mandelmehl
- 1 Knoblauchzehe
- ½ Zwiebel
- 20 g Cashewkerne
- ¼ TL Salz
- ¼ TL Pfeffer
- 1 EL Olivenöl
- 1 Bund Petersilie
- 150 g Joghurt (1,5 %)

1. Brokkoli (mit Stiel) waschen und mit einer Küchenreibe (oder in einer Küchenmaschine auf kleinster Stufe) zerkleinern.
2. Eier in einer Schüssel verquirlen, Quark zugeben und verrühren. Geriebenen Käse und Mandelmehl zugeben und vermischen.
3. Knoblauch durchpressen, Zwiebel schälen und klein hacken, Cashewkerne klein hacken. Alles zur Eiermischung geben und zu einem homogenen Teig vermischen. Brokkoli unter den Teig heben, mit Salz und Pfeffer würzen.
4. Olivenöl in einer Pfanne erhitzen und pro Puffer 1–2 Esslöffel vom Teig in die Pfanne geben. Von beiden Seiten goldbraun und kross anbraten. Puffer auf Küchenpapier abtropfen lassen. Aus dem gesamten Teig weitere Puffer backen.
5. Mit frischer Petersilie und Joghurt servieren.

Gemüsemuffins

Für 2 Portionen (6 Muffins)
Nährwerte (pro Portion, 3 Muffins): Kilokalorien: 272 Kcal, Protein: 21,6 g, Fett: 15,7 g, Kohlenhydrate: 9,5 g

ZUTATEN

- ½ rote Paprikaschote
- ½ gelbe Paprikaschote
- 50 g Putenbrust-Aufschnitt
- 1 Frühlingszwiebel
- 1 Knoblauchzehe
- 4 Eier
- 50 g Käse, gerieben
- 1 EL Milch (1,5 %)
- ¼ TL Salz
- ¼ TL Pfeffer

1. Backofen auf 180 °C Ober-/Unterhitze vorheizen.
2. Paprikaschoten waschen, würfeln und in eine Schüssel geben. Putenbrust-Aufschnitt und Frühlingszwiebel klein schneiden und zugeben. Knoblauch dazupressen und untermischen.
3. Eier in einer separaten Schüssel verquirlen und zur Gemüsemischung geben. Geriebenen Käse und Milch zugeben und verrühren, mit Salz und Pfeffer würzen.
4. Die Masse in eine Muffinform (6 Muffins) gleichmäßig verteilen und 20–25 Minuten backen.

Hähnchen-Gurken-Salat

Für 2 Portionen
Nährwerte (pro Portion): Kilokalorien: 327 Kcal, Protein: 47,8 g, Fett: 13,1 g, Kohlenhydrate: 3,9 g

ZUTATEN

- 2 Hähnchenbrustfilets (je 200 g)
- 1 EL Olivenöl
- 1 Salatgurke
- 2 EL Essig
- 2 EL Sojasoße
- Salz und Pfeffer
- evtl. etwas Minze zum Garnieren

1. Hähnchenbrust mit kaltem Wasser abspülen, trocken tupfen und mit Salz und Pfeffer würzen.
2. Olivenöl in einer Pfanne erhitzen, das Fleisch darin anbraten, in Streifen schneiden und in eine Schüssel geben.
3. Salatgurke waschen, Enden abschneiden, längs in Streifen hobeln und zum Fleisch geben. Essig und Sojasoße darübergießen. Mit Salz und Pfeffer würzen und verrühren. Salat eventuell mit Minze garnieren.

Wochenpläne*

WOCHENPLAN NR. 1

	Frühstück	Seite
Montag	Pfannkuchen mit Creme und Beeren	36
Dienstag (Fastentag)	Fluffiges Omelett mit Paprika	14
Mittwoch	Müsli mit Jogurt und Beeren	38
Donnerstag (Fastentag)	Grüner Frühstücks-Smoothie	15
Freitag	Grüne Smoothie-Bowl	48
Samstag	Tomaten-Rührei-Muffins	44
Sonntag	Low-Carb-Protein-Pancakes	50

* Die Gerichte an den Fastentagen haben deutlich weniger Kilokalorien und eignen sich daher besonders zum Abnehmen.

Mittagessen	Seite	Abendessen	Seite
Chili con Carne	62	Low-Carb-Cheeseburger	86
Kalte Gurkensuppe	21	Überbackener Gemüseburger	29
Brokkoli-Käse-Bites	66	Gebackene Zucchinisticks	90
Zoodles mit Tomaten und Walnüssen	24	Auberginenauflauf	34
Gefüllte Zucchini	74	Lachs mit Salsa-Salat	87
Zoodles-Bolognese	60	Brokkoli-Pizza mit Avocado	84
Low-Carb-Bowl	72	Low-Carb-Pizzaschnecken	88

WOCHENPLAN NR. 2

	Frühstück	Seite
Montag	Grüner Power-Smoothie	45
Dienstag (Fastentag)	Chia-Pudding mit Beeren	17
Mittwoch	Schoko-Kokos-Shake	58
Donnerstag (Fastentag)	Power-Kaffee-Smoothie	18
Freitag	Smoothie-Bowl mit Beeren	55
Samstag	Fluffiges gefülltes Omelett	40
Sonntag	Gefüllte Avocado mit Shrimps	54

Mittagessen	Seite	Abendessen	Seite
Hähnchenbrust mit Salat	70	Brokkoli-Käse-Puffer	102
Gemüsesuppe	26	Gemüsesticks mit Dip	30
Gefüllte Paprika mit Hackfleisch und Feta	78	Hackfleisch mit Bohnen	100
Salatwraps	22	Grüne Erbsensuppe	32
Lachs mit gekochtem Gemüse	63	Hähnchen-Gurken-Salat	105
Zucchini-Käseauflauf	64	Gefüllte Zucchinirolle mit Karotten	92
Tomaten-Auberginen-Auflauf	80	Grüne-Bohnen-Salat mit Hähnchen	94

Bildnachweis

Shutterstock.com:
S. 5: Yulia Davidovich, Daxiao Productions, Elena Veselova; S. 6: etorres, nadianb, Leigh Anne Meeks; S. 7: misszin, Lesya Dolyuk, YuliiaHolovchenko; S. 13: Yulia Davidovich, Liliya Kandrashevich, OnlyZoia, Elena Veselova, NINETYONEFOTO; S. 14: OnlyZoia; S. 15: Liliya Kandrashevich; S. 16: Yulia Davidovich; S. 17: Elena Veselova; S. 18: NINETYONEFOTO; S. 19: Kolpakova Svetlana, YuliiaHolovchenko, ArtCookStudio, Leigh Anne Meeks, Ekaterina Kondratova; S. 20: ArtCookStudio; S. 21: YuliiaHolovchenko; S. 23: Kolpakova Svetlana; S. 25: Leigh Anne Meeks; S. 26: Ekaterina Kondratova; S. 27: Lesya Dolyuk, Elena Shashkina, vanillaechoes, MariaKovaleva, Wiktory; S. 28: vanillaechoes; S. 29: Lesya Dolyuk; S. 31: Wiktory; S. 33: MariaKovaleva; S. 34: Elena Shashkina; S. 35: Elena Shashkina, Stepanek Photography, Elena Veselova, JeniFoto, Lunov Mykola; S. 37: Daxiao Productions; S. 39: JeniFoto; S. 41: Timolina; S. 43: Lunov Mykola; S. 44: artem evdokimov; S. 45: Teri Virbickis; S. 46: OnlyZoia; S. 47: Iryna Pospikh; S. 49: Elena Shashkina; S. 51: etorres; S. 53: Brent Hofacker; S. 54: Stepanek Photography; S. 55: Elena Shashkina; S. 57: Katarzyna Hurova; S. 58: Elena Veselova; S. 59: Bartosz Luczak, Timolina, nadianb, Elena Shashkina, Liliya Kandrashevich, Stepanek Photography; S. 61: Bartosz Luczak; S. 62: Magrig; S. 63: svariophoto; S. 65: Elena Shashkina; S. 67: AS Food studio; S. 69: Timolina; S. 71: nadianb; S. 72: Tatjana Baibakova; S. 73: New Africa; S. 74: Maria Uspenskaya; S. 75: FotoFreshka; S. 77: Liliya Kandrashevich; S. 79: joanna wnuk; S. 81: Stepanek Photography; S. 82: Africa Studio; S. 83: Lapina Maria, Africa Studio, Larisa Blinova, Ekaterina Kondratova, Igor Dutina, JeniFoto; S. 85: Larisa Blinova; S. 86: Brent Hofacker; S. 87: AS Food studio; S. 89: Igor Dutina; S. 91: Lapina Maria; S. 92: kina8; S. 93: Ekaterina Kondratova; S. 95: VeronikaSmirnaya; S. 97: Anna Shepulova; S. 99: JeniFoto; S. 100: from my point of view; S. 101: Dina Photo Stories; S. 103: Africa Studio; S. 104: Elena Shashkina; S. 105: Oleksandra Usenko